AF381246

# CHARLES DE GAULLE

## L'homme de la Résistance aux multiples facettes

Par Justine Ducastel

50MINUTES.fr

# CHARLES DE GAULLE

## INTRODUCTION

Grande figure militaire et politique du xx<sup>e</sup> siècle, Charles de Gaulle marque les esprits par sa volonté indéfectible de représenter et de défendre la France. Son célèbre appel du 18 juin 1940 lancé depuis Londres lui ouvre les portes du Panthéon et fait de lui le symbole de la France libre et de la Résistance. À la libération de Paris (août 1944), il est propulsé à la tête du Gouvernement provisoire. Le militaire fait dorénavant place à l'homme politique, mais seulement pour un bref moment. En désaccord avec les mesures mises en place, il finit par démissionner quelques mois plus tard.

Alors qu'il pensait être rappelé peu de temps après son départ, il doit se résoudre à accepter sa défaite. Loin d'abandonner ses convictions, il décide, en 1947, de fonder son propre parti, le Rassemblement du peuple français. Mais son projet échoue, et il est à nouveau contraint de se retirer de la sphère politique. C'est le début d'une longue traversée du désert qui durera plus de dix ans. Toutefois, alors que la France est au plus mal, enlisée dans une situation dont elle ne parvient pas à sortir, notamment en Algérie, il est sollicité pour sauver le pays. Il s'attelle alors à la rédaction d'une nouvelle constitution qui instaure, en 1958, la V$^e$ République. Sous sa présidence, les Algériens obtiennent leur indépendance, en 1962. Mais, bien que réélu en 1965, un gouffre se creuse entre lui et le peuple français qu'il ne comprend plus, ce qui le pousse à démissionner le 27 avril 1969. Il meurt quelques mois plus tard.

Homme aux multiples visages, il est probablement l'un des plus illustres Français du XX$^e$ siècle dont on découvre encore aujourd'hui de nouvelles facettes.

# DONNÉES CLÉS

- **Naissance ?** Le 22 novembre 1890 à Lille (France).
- **Mort ?** Le 9 novembre 1970 à Colombey-les-Deux-Églises (France).
- **Apports majeurs ?**
  - La mise en place de la Résistance française.
  - L'établissement de la nouvelle constitution de 1958.
  - L'instauration de la V$^e$ République.
  - La reconnaissance de l'indépendance de l'Algérie en 1962.
  - Le positionnement de la France sur l'échiquier international.
  - L'apaisement des tensions survenues au cours du mois de mai 1968.

# BIOGRAPHIE

## LA NAISSANCE DU MILITAIRE

Né le 22 novembre 1890 à Lille, Charles de Gaulle est le troisième enfant de Jeanne (1860-1940) et Henri de Gaulle (1848-1932), dont il hérite de son goût pour l'histoire et la littérature. Élevé à Paris au sein d'une famille catholique, il reçoit une éducation traditionnelle et fréquente des établissements catholiques, les assomptionnistes puis les jésuites.

Bien qu'attiré par la littérature, il décide d'entamer une formation militaire. Il entre en 1909 à Saint-Cyr, où il choisit l'infanterie et rejoint le 33e régiment à Arras sous les ordres du colonel Pétain (1856-1951). Il termine son apprentissage en 1912.

Lorsque la Première Guerre mondiale éclate en août 1914, le lieutenant de Gaulle part combattre sur le front Nord-Est. Blessé à deux reprises, il est ensuite fait prisonnier par les Allemands sur le champ de bataille de Verdun (1916), alors qu'il a été laissé pour mort. Il n'est libéré que le 11 novembre 1918, une fois l'armistice signé.



Après la Première Guerre mondiale, Charles de Gaulle poursuit sa carrière militaire. De retour d'une mission en Pologne, il épouse, en 1921, Yvonne Vendroux (1900-1979), dont il aura trois enfants (Philippe, né en 1921 ; Élisabeth, née en 1924 ; Anne née en 1928). Durant cette décennie, de Gaulle enchaîne les expériences, et mène une profonde réflexion sur le métier de soldat et la réforme de l'armée. Entre 1931 et 1937, il entre au secrétariat général de la Défense nationale à Paris où il découvre le monde politique.

# LA RÉSISTANCE À TOUT PRIX

La guerre étant déclarée entre la France et l'Allemagne le 3 septembre 1939, de Gaulle est nommé commandant des chars de la 5e armée. Il s'illustre alors sur le champ de bataille, avant de revenir à Paris pour prendre le poste de sous-secrétaire d'État à la Défense nationale et à la Guerre en juin 1940. Les événements s'enchaînent ensuite rapidement. Peu de temps après son retour dans la capitale, de Gaulle est envoyé par le Gouvernement à Londres afin de coordonner les stratégies militaires des deux pays.

De retour en France le 16 juin, il apprend la démission du président du Conseil, Paul Reynaud (1878-1966), et la volonté de son ancien supérieur, le maréchal Pétain, de conclure un armistice avec les Allemands. Ne pouvant accepter la situation, il retourne immédiatement à Londres où il prononce son fameux appel du 18 juin, diffusé sur les ondes de la BBC, dans lequel il exhorte les Français à se rassembler et à continuer la lutte contre l'envahisseur. À partir de ce moment, le général de Gaulle est en rupture totale avec Pétain, dont le Gouvernement le fera même condamner à mort par contumace pour haute trahison.

Devenu le symbole de la Résistance, de Gaulle n'a de cesse, tout au long de la Seconde Guerre mondiale, de combattre l'Allemagne et le régime de Vichy. Après avoir mis en place un gouvernement pour la France libre, il la dote également de forces armées. Durant toutes ces années d'exil, le général n'a qu'une volonté : unifier la résistance intérieure et extérieure, et surtout trouver une forme de légitimité auprès des Alliés.

## CHARLES DE GAULLE, L'HOMME D'ÉTAT

Son retour triomphal à Paris au moment de la Libération, le 26 août 1944, propulse de Gaulle à la tête du Gouvernement provisoire. Pour un temps seulement, puisqu'il démissionne de son poste dès le mois de janvier 1946, n'étant pas en accord avec la nouvelle constitution qui se prépare. Il n'abandonne pas pour autant la politique et fonde, en avril 1947 le Rassemblement du peuple français. Mais son parti n'émerge pas et le général se retire de la politique. Commence alors pour lui une traversée du désert qui ne s'achèvera qu'en 1958.

Photo de la foule présente le 26 août à Paris pour accueillir de Gaulle.

Cette année-là, les troubles en Algérie s'accentuent et personne ne semble capable de trouver une solution. De Gaulle est alors rappelé sur le devant de la scène, lui que tout le monde considère comme l'homme de la situation. Il accepte la présidence du Conseil de la IV$^e$ République tout en élaborant une nouvelle constitution qui sera à la base de la V^e République dont il devient président en janvier 1959. En parallèle, il parvient à apaiser la situation en Algérie en lui accordant son indépendance. En 1965, alors que les élections présidentielles sont soumises pour la première fois au suffrage universel tel qu'il le souhaitait, de Gaulle est réélu face à François Mitterrand (1916-1996).

Quatre ans plus tard, le pays est en proie à de nombreux soulèvements partis du milieu estudiantin pour bientôt se propager aux ouvriers qui finissent par bloquer le pays. De Gaulle est directement visé par le mouvement de contestation. Il parvient toutefois à s'en sortir après avoir fait appel à la mobilisation des Français. Mais le coup de grâce est proche. Lors d'un référendum organisé le 27 avril 1969 sur la régionalisation et la réforme du Sénat, le non l'emporte, alors même que de Gaulle avait prévenu qu'il démissionnerait si cette position était privilégiée. Il se retire alors à Colombey-les-Deux-Églises où il décède le 9 novembre 1970.

# CONTEXTE

## L'INSTABILITÉ DE L'ENTRE-DEUX-GUERRES

> « Peut-être sommes-nous plongés dans la nuit qui précède l'aurore d'un nouveau monde. Cependant, il faut vivre, et il est bien probable que pour vivre, il faudra combattre, c'est-à-dire affronter les armes de l'ennemi et lui faire sentir la vigueur des nôtres. Pour ma part, je ne renonce pas à m'y préparer. »
>
> (Lettre de Charles de Gaulle adressée à son ami Lucien Nachin, 1925, reprise dans « De Gaulle entre les deux guerres », in *La fondation Charles de Gaulle*)

Bien qu'écrits en 1925, ces mots de de Gaulle sonnent comme une prémonition qui se réalisera quelques années plus tard. Alors que la paix est revenue en Europe, les conséquences de la Première Guerre mondiale sur le Vieux Continent provoquent au fil des ans une grande instabilité, tant sur le plan politique et économique que social.

Au lendemain de l'armistice de 1918, c'est une Europe nouvelle qui voit le jour. Les frontières des anciens empires sont démantelées pour laisser place à de nouveaux États indépendants. La Société des Nations, un nouvel organisme international, est créée afin de sauvegarder la paix. Malgré les précautions prises, des révolutions éclatent aux quatre coins de l'Europe, notamment en Europe de l'Est et en Allemagne, où les ouvriers tentent de se révolter, suivant en cela l'exemple russe.

## LA RÉVOLUTION RUSSE

La révolution russe, qui se déroule en 1917, s'effectue en deux temps. En février, alors que la Russie est exsangue à cause de la guerre, la population se révolte contre le régime autocratique du tsar Nicolas II (1868-1918) et le renverse. S'ensuit une période de guerre civile au cours de laquelle le Parti bolchevik, mené par Lénine (1870-1924), est en conflit avec les autres mouvements politiques qui souhaitent également prendre le pouvoir. En octobre 1917, Lénine prend le dessus et fait naître la Russie soviétique. Ces événements sont capitaux pour l'Europe

Les perdants de la Première Guerre mondiale, qui se sont vu imposer ce qu'ils nomment les « diktats » du traité de Versailles (1919), voient émerger dans leurs États des courants nationalistes et sociaux. En Italie, Benito Mussolini (1883-1945) profite du contexte pour prendre le pouvoir en 1922 et impose au pays un régime fasciste qui servira de modèle aux autres mouvements d'extrême droite en Europe. En Allemagne, Adolf Hitler (1889-1945) s'empare du pouvoir en 1933 et met en place une politique agressive vis-à-vis des pays voisins.

À cette instabilité politique s'ajoute une autre crise qui touche, cette fois, l'économie. La Grande Guerre a laissé derrière elle de nombreux dégâts, poussant les pays à s'endetter afin de se reconstruire et de relancer la croissance économique. Le krach de 1929 annonce le début de la Grande Dépression, marquée par une forte chute de l'activité économique et un important taux de chômage. Nazisme et fascisme trouvent dans cette crise économique mondiale d'excellents arguments pour alimenter leurs revendications.

## 1940 ET LA SCISSION DE LA FRANCE

Le 1ᵉʳ septembre 1939, la Pologne est envahie par l'Allemagne nazie : c'est le début de la Seconde Guerre mondiale. Français et Britanniques, exaspérés par les violations intempestives du droit international commises par l'Allemagne, lui déclarent à leur tour la guerre, le 3 septembre. Commence alors ce qu'on appelle la drôle de guerre, caractérisée par l'absence de combats sur le territoire européen, et une course à l'armement menée par tous les belligérants. Ce n'est que le 10 mai 1940 que débute véritablement l'affrontement lorsque les Allemands envahissent les Pays-Bas, la Belgique et la France.

Tout au long de la bataille de France (10 mai-22 juin 1940), les troupes allemandes vont de victoire en victoire, à tel point qu'ils parviennent à repousser les Alliés jusqu'à Dunkerque.

C'est grâce à la tactique militaire du *blitzkrieg* ou « guerre éclair » que les Allemands se montrent aussi efficaces au début de la guerre. Cette stratégie offensive consiste en une concentration importante des forces (soldats, engins motorisés, aviation) à un endroit stratégique et bien localisé dans un laps de temps très court. Les troupes ont alors comme missions de prendre des lieux stratégiques, et de couper les communications et le ravitaillement des troupes ennemies. C'est ainsi que, durant la campagne de France, alors qu'ils sont moins nombreux et moins puissants, les chars allemands parviennent à déstabiliser les lignes de défense alliées.

Alors que la défaite guette les Alliés, le 18 juin, de Gaulle lance sur les ondes de la BBC un appel au peuple français afin de l'exhorter à continuer à combattre l'Allemagne, s'érigeant ainsi en opposition au maréchal Pétain qui, la veille, avait émis le souhait de se soumettre à l'envahisseur. Son intervention n'empêche pas la signature de l'armistice entre la France et l'Allemagne, qui a lieu cinq jours plus tard. Dès lors, la France se voit divisée en deux : au Nord se trouve la zone occupée, dirigée par l'administration allemande, au Sud la zone libre où s'installera le Gouvernement de Vichy avec à sa tête le maréchal Pétain. Si la division est visible géographiquement, elle l'est aussi sur le plan humain. Certains civils et militaires ne peuvent accepter la politique de collaboration prônée par Vichy et décident d'entrer en résistance.

Le 7 décembre 1941, la guerre entre dans une nouvelle phase suite à l'attaque de la base militaire américaine de Pearl Harbor par le Japon, allié de l'Axe (Rome-Berlin-Tokyo). Jusqu'en 1942, la suprématie allemande en Europe est écrasante, mais, peu à peu, l'armée nazie connaît ses premières défaites. Le débarquement des Américains et des Anglais en Afrique du Nord le 8 novembre 1942 marque un nouveau tournant dans le conflit. En Russie, Hitler se voit obliger de capituler devant Stalingrad le 2 février 1943. Il faut toutefois attendre le 6 juin 1944, jour du débarquement sur les plages de Normandie, pour que débute la reconquête des territoires occupés.

Tout au long de ces années de guerre, le général de Gaulle n'a de cesse de chercher à rallier les Français à son combat. Meneur de la France libre, il organise dans un premier temps la résistance extérieure autour du Gouvernement en exil, rassemblant les forces militaires opposées au Gouvernement de Vichy afin de les mettre à disposition des Alliés. Quelque temps plus tard, il prend conscience de l'importance de la résistance intérieure et met en place une politique de rapprochement entre ces deux forces vives.

## LA RECONSTRUCTION DE LA FRANCE SOUS LA IVᴱ RÉPUBLIQUE

Le 8 mai 1945 marque la fin de la guerre suite à la capitulation des Allemands. Si la France combattante de de Gaulle se retrouve à la table des vainqueurs, le Gouvernement provisoire de la République française (GPRF) hérite d'un pays profondément affaibli. Aux pertes humaines considérables (635 000 victimes) s'ajoutent d'importantes destructions matérielles et une économie fragilisée. En outre, il faut parvenir à rassembler les Français, déchirés par les querelles entre les résistants et les collaborateurs.

Rapidement des réformes sociales sont lancées, telles que l'instauration du droit de vote aux femmes en 1944, la nationalisation de certaines industries et, enfin, la création de la sécurité sociale en 1945.

Une Assemblée constituante est mise sur pied afin de rédiger la nouvelle constitution qui sera à la base de la IVe République. Mais, au cours des négociations, de Gaulle est en désaccord avec la majorité de gauche. Cette dernière souhaite mettre en place un pouvoir législatif supérieur au pouvoir exécutif alors que le général prône justement l'inverse. Le point de rupture est atteint, et ce dernier démissionne de ses fonctions en janvier 1946.

La nouvelle constitution de la IVe République est finalement adoptée en octobre 1946. Sur le plan économique, la France connaît une période de grande prospérité grâce, notamment, à l'aide américaine et au plan Marshall, à la croissance économique mondiale et, enfin, au baby-boom. Mais la situation s'avère beaucoup plus contrastée sur le plan politique : la IVe République connaît dès 1947 une grande instabilité suite, entre autres, à la succession d'une multitude de gouvernements qui ne restent au pouvoir que quelques mois et provoquent le mécontentement des citoyens.

C'est également à cette époque que débute le processus de décolonisation. Après avoir été témoins des déboires des empires coloniaux, les colonies réclament leur autonomie. C'est en Asie que le phénomène débute : en Indochine, la France se livre à une guerre contre les indépendantistes menés par Hô Chi Minh (1890-1969) qui ne prendra fin qu'un 1954. Il se propage ensuite en Afrique où, alors que la Tunisie et le Maroc obtiennent facilement leur indépendance en 1956, le cas de l'Algérie est une véritable bombe à retardement pour le Gouvernement français.

Durant cette période, Charles de Gaulle tente de rester présent sur le devant de la scène politique en créant son propre parti, le Rassemblement du peuple français. Cependant, dès 1953, ce dernier perd un certain nombre de ses électeurs, ce qui le pousse à se retirer.

# LA CRISE ALGÉRIENNE ET LA NAISSANCE DE LA Vᴱ RÉPUBLIQUE

En 1954, à la suite de nombreux attentats commis en Algérie par le Front de libération national qui revendique l'indépendance du pays, la guerre éclate. Le Gouvernement français refuse de céder et le conflit s'enlise. La situation devenant de plus en plus inquiétante, la population française plébiscite le retour au pouvoir de Charles de Gaulle, considéré comme le seul à pouvoir mettre fin au problème.

C'est ainsi qu'en juin 1958, il devient président du Conseil. Aussitôt, il exige qu'une nouvelle constitution soit rédigée. C'est chose faite en septembre : la constitution est approuvée par l'Assemblée, et de Gaulle est élu président de la République en décembre de la même année. Bien qu'amené au pouvoir par les partisans de l'Algérie française, il se rend rapidement compte que le seul moyen de régler la crise algérienne est d'accorder au pays son indépendance. En février 1962, les accords d'Évian sont signés et mettent fin à la guerre civile.

La V<sup>e</sup> République nouvellement instaurée se caractérise par le renforcement des pouvoirs présidentiels, la consolidation de l'autorité du Gouvernement, et la réduction et l'encadrement des pouvoirs du Parlement.

# TEMPS FORTS

## L'HOMME DE LA RÉBELLION

### L'appel du 18 juin

De retour d'Angleterre, où il a rencontré à plusieurs reprises Churchill (homme d'État britannique, 1874-1965) afin d'obtenir de sa part un appui plus important en vue de contrer l'Allemagne, de Gaulle apprend, le 16 juin 1940, la démission du Gouvernement Reynaud. Le maréchal Pétain prend alors la tête de la France et exprime sa volonté de se soumettre à l'Allemagne. Pour le général, la signature d'un armistice n'est absolument pas envisageable. Il décide donc de retourner à Londres où, le 18 juin 1940, il prononce un discours sur les ondes de la BBC qui marquera à jamais l'histoire de France. Son allocution appelle les Français à ne pas abandonner le combat : « La flamme de la résistance française ne doit pas s'éteindre et ne s'éteindra pas. » (extrait du discours de Charles de Gaulle, repris dans OLLIVIER (Jean-Paul), *L'ABCdaire de Gaulle*, Paris, Flammarion, 2001)

C'est habité par l'idée de sauvegarder l'intérêt national que de Gaulle tente de rallier à sa cause les soldats et officiers français, à qui il demande de venir le rejoindre à Londres.

Texte de l'appel du 18 juin.

## La difficile construction de la résistance extérieure

Réfugié à Londres, de Gaulle est reconnu par Churchill comme le chef de la France libre le 28 juin. Il ne s'agit pas pour le général de constituer un contingent armé qui se battrait sous l'égide du commandement britannique, mais bien de remettre la France aux premières lignes du combat contre l'Allemagne hitlérienne. Pour ce faire, il entend la doter d'une armée et d'un gouvernement avec une base territoriale propre. La tâche se révèle difficile, notamment après la destruction de la flotte française par les Anglais le 7 juillet 1940 en Algérie. Si l'attaque était nécessaire afin que les Allemands n'en tirent pas avantage, elle met un frein au ralliement de certains soldats à la cause de de Gaulle. Mais, bien que le chemin soit semé d'embûches, le général parvient à constituer une véritable armée avec un service de renseignement, une marine, une aviation et un contingent terrestre, à qui il donne un emblème, la croix de Lorraine. Bien que politiquement isolé, il obtient de la part du Gouvernement britannique le 7 août 1940 la reconnaissance de la France libre et des Forces françaises libres (FFL). La confiance qui lui est accordée est ténue et de Gaulle doit encore faire ses preuves auprès des Alliés, mais aussi, et surtout, auprès des Français.

Rapidement, le général voit dans les territoires français de l'empire colonial le port d'attache idéal de la France libre, et plusieurs colonies d'Asie et d'Océanie se rallient à sa cause. Peu à peu, la situation de la France libre s'améliore, tant militairement que politiquement. Ses contingents armés se font remarquer sur le front, notamment lors de la bataille de Koufra (31 janvier-1er mars 1941) menée contre les Italiens ou lors de la bataille de Bir Hakeim (26 mai-11 juin 1942) contre les Allemands. Le 24 septembre 1941, le Comité national français (CNF) est créé. Son objectif est, d'une part, d'assurer l'admiration des territoires ralliés à la France libre (l'Afrique-Équatoriale française, le Cameroun, la Nouvelle-Calédonie, Tahiti, les comptoirs de l'Inde, etc.) et, d'autre part, de jouer le rôle de représentant auprès des forces alliées.

## De la France libre à la France combattante

En parallèle à la résistance extérieure entreprise par Charles de Gaulle, la France métropolitaine, divisée en deux zones (le Nord, administré par les Allemands, et le Sud, sous l'autorité du Gouvernement de Vichy), voit naître une résistance intérieure. De nombreux Français entrent ainsi dans la clandestinité et se regroupent en différents mouvements afin de lutter contre l'Occupation, mais également contre la collaboration du Gouvernement de Vichy. Cette résistance intérieure est très disparate et prend des formes bien différentes selon que l'on se trouve en zone occupée ou en zone libre.

Si en 1940 de Gaulle ne s'intéresse pas à la résistance intérieure, il se rend rapidement compte que cette dernière est d'une importance capitale et que l'unification des deux mouvements est primordiale. À cet effet, il charge Jean Moulin (résistant français, 1899-1943) de rallier la résistance extérieure à la France libre, mais également d'unifier les différents mouvements qui la composent. Aussi Charles de Gaulle propose-t-il, afin de favoriser la fusion, de changer le nom du mouvement France libre en France combattante, chose faite le 13 juillet 1942. La mission de Jean Moulin aboutit en 1943, et le Conseil national de la Résistance est créé, avec Charles de Gaulle lui-même à sa présidence.

Parallèlement, la Résistance parvient à s'implanter en Afrique du Nord, plus précisément à Alger, où apparaissent les prémices d'une nouvelle république. Cet ancrage permet aux Forces françaises libres de fusionner avec l'armée africaine, ce qui augmente les effectifs engagés dans la guerre auprès des Alliés à 1 300 000 hommes.

Le Comité français de libération nationale (CFLN) est créé en mai 1943 sous la coprésidence de de Gaulle et du général Henri Giraud (1879-1949). Ce dernier est toutefois rapidement mis à l'écart afin de laisser toute la place à Charles de Gaulle qui s'affirme comme le chef politique et militaire de la France résistante. Le 3 juin 1944, trois jours avant le débarquement de Normandie, le CFLN devient le Gouvernement provisoire de la République française (GPRF).

# LA LIBÉRATION : ENTRE EUPHORIE ET DÉSENCHANTEMENT

## La France libérée !

Grâce à la détermination de Charles de Gaulle, la France, plutôt que de tomber sous le joug de l'administration des gouvernements alliés après la Libération, se dote de sa propre autorité administrative et politique. Alors qu'il descend triomphalement les Champs-Élysées, de Gaulle est acclamé par le peuple et profite des nouveaux pouvoirs qui lui sont confiés. En septembre 1944, le GPRF s'installe à Paris. Un gouvernement d'unité nationale qui regroupe principalement les anciens résistants est ensuite mis en place, tandis qu'une nouvelle constitution est rédigée par l'Assemblée constituante élue en octobre 1945.

Photo du retour triomphal de de Gaulle à Paris lors de la Libération.

## 1946, l'année de la désillusion

Bien qu'ayant mis en place diverses réformes (droit de vote des femmes, nationalisation des banques, création de la sécurité sociale, etc.), le nouveau gouvernement peine à s'accorder sur la ligne de conduite à adopter pour la mise en place de la nouvelle République. Charles de Gaulle s'oppose à l'Assemblée constituante sur deux points : le rôle des partis et la conception même de l'État. En effet, pour lui, l'intérêt de la nation doit être une priorité : il ne peut donc concevoir un régime des partis, ce que propose l'Assemblée. Ne trouvant aucun arrangement, il démissionne de son poste de président du Gouvernement provisoire le 20 janvier 1946. S'il n'a pu faire aboutir sur le plan politique son idée de la France, il a toutefois rempli les objectifs qu'il s'était fixés durant les années de rébellion, à savoir libérer les territoires français, y restaurer une République où des élections libres et démocratiques seront organisées, et enfin faire redémarrer sur le plan économique et social un pays ravagé par cinq années de guerre.

## Le discours de Bayeux : un dernier éclat avant la traversée du désert

En juin 1946, Charles de Gaulle prononce à Bayeux, en Normandie, un discours fondateur qui reprend sa ligne de conduite politique. Il s'agit d'un véritable programme dans lequel il détaille sa vision de la République. Pour lui, la France doit se doter d'un gouvernement fort afin d'éviter les problèmes liés au régime parlementaire. Il préconise ainsi une séparation stricte des pouvoirs et la mise en place d'une véritable fonction de chef de l'État.

Ses idées étant en totale opposition avec celles prônées par la IV<sup>e</sup> République, il crée en 1947 son propre parti, le Rassemblement du peuple français (RPF). Son but est de contrer le régime des partis ainsi que la montée du communisme et, enfin, de faire avancer le projet d'une nouvelle réforme constitutionnelle.

Si, durant les premières années de son existence, le RPF obtient le soutien des électeurs français, en 1955, le parti tombe littéralement dans l'oubli et de Gaulle se retire dans sa maison de Colombey-les-Deux-Églises où il s'attelle à la rédaction de ses *Mémoires de guerre*.

## RETOUR TRIOMPHAL ET PREMIER SEPTENNAT

### La crise algérienne

L'année 1958 sonne le glas de la IV<sup>e</sup> République. Au-delà de l'instabilité ministérielle, l'impossibilité pour le Gouvernement de résoudre la crise algérienne le plonge dans une crise importante.

Depuis 1954, date à laquelle des attentats ont été perpétrés par le Front de libération nationale, la tension n'a cessé de monter en Algérie. La crise s'est muée en une véritable guerre civile entre les populations locales qui souhaitent une indépendance totale et les populations européennes qui se sont installées en Algérie et qui désirent qu'elle reste française.

Au printemps 1958, de plus en plus de voix s'élèvent pour réclamer le retour du général aux commandes de l'État. Le 29 mai 1958, le président René Coty (1882-1962) annonce le retour de Charles de Gaulle en vue de former un nouveau gouvernement. Le 1er juin, il est nommé président du Conseil de la IVe République et est mandaté par l'Assemblée pour rédiger une nouvelle constitution.

## L'instauration de la Ve République et la résolution de la guerre d'Algérie

Le 28 septembre 1958, la nouvelle constitution est adoptée par référendum et, le 21 décembre de la même année, Charles de Gaulle est élu président de la République française. Le nouveau régime qui s'ouvre est à l'image de ce que de Gaulle préconisait lors de son discours à Bayeux en 1946.

Les premières années de son septennat sont occupées par la résolution de la crise algérienne. Si sa position sur le sujet est toujours ambiguë, il fait preuve d'une grande capacité d'adaptation aux événements qui se présentent à lui. Arrivé au pouvoir en partie grâce aux partisans de l'Algérie française, il leur donne espoir en prononçant, en juin 1958, sa fameuse phrase « Je vous ai compris ». Mais, alors que plusieurs coups ont été portés au FLN, de Gaulle doit se rendre à l'évidence : le combat ne pourra pas se gagner militairement, et l'indépendance algérienne devient de plus en plus probable. Dès septembre 1959, l'autodétermination est proposée aux Algériens, mais les partisans de l'Algérie française y sont opposés. Cela ne change rien : le processus d'indépendance est bel et bien lancé. Le 22 mars 1962, les accords d'Évian sont signés, octroyant l'indépendance à l'Algérie.

## La France sur la scène internationale

La présidence de de Gaulle est également marquée par sa volonté de mener une politique d'indépendance nationale. Sur le plan défensif, la France se dote de l'arme nucléaire et fait ses premiers essais dans le désert polynésien, puis en Polynésie française en 1960.

Ne souhaitant pas s'engager auprès de l'un des deux grands blocs (les États-Unis capitalistes et l'URSS communiste) qui régissent les relations internationales durant une grande partie de la seconde moitié du $xx^e$ siècle, la France se retire peu à peu de l'OTAN afin de bénéficier d'une plus grande autonomie stratégique. Bien que soutenant le bloc occidental, elle refuse l'hégémonie américaine et entend jouer elle aussi un rôle important.

De Gaulle est partisan d'une Europe des nations dans laquelle chaque État conserverait son droit de souveraineté, ce qui s'oppose au fédéralisme européen. Souhaitant faire entendre sa voix, la France marque son opposition à l'adhésion de la Grande-Bretagne à la Communauté économique européenne (CEE), la jugeant trop proche des

Américains. La politique gaullienne au niveau européen est surtout marquée par un rapprochement avec l'Allemagne fédérale. Encore aujourd'hui, les effets de ce rapprochement sont visibles sur l'échiquier politique européen.

## LE DÉCLIN DU SECOND SEPTENNAT

### La difficile réélection de 1965

En 1965, quand arrive l'élection présidentielle, qui s'effectue pour la première fois par le biais du suffrage universel, Charles de Gaulle hésite à se représenter. Ses adversaires se sont beaucoup investis et ont mené une campagne intense. Il finit toutefois par porter sa candidature à sa propre succession. S'il remporte le premier tour, ce n'est pas avec de brillants résultats. Il est donc obligé de se représenter pour un second tour face à François Mitterrand. Il est finalement élu avec 54,8 % des voix. C'est le début de la fragilisation du pouvoir gaulliste.

### Mai 68

La France, comme de nombreux pays, est marquée dans les années soixante par un essor économique dû en grande partie au baby-boom et aux Trente Glorieuses (1946-1975). Cette prospérité économique s'accompagne de bouleversements sociaux et moraux, et de l'avènement de la société de consommation. Ces nouvelles réalités s'opposent aux héritages traditionnels et mettent en évidence des contrastes difficilement conciliables pour la société qui ne croit plus qu'au profit.

Dans les milieux estudiantins, on s'ennuie et on se lasse du pouvoir en place. Au point qu'au mois de mai 1968, les premières manifestations et des blocages sont organisés. Rapidement, les étudiants sont rejoints par une partie de la population, dont les ouvriers, poussés par les partis et les syndicats de gauche, qui entrent en grève. Le pays est divisé en deux camps. De Gaulle envoie alors le Premier ministre, Georges Pompidou (1911-1974), à la rencontre du peuple afin de tenter d'apaiser les esprits, mais rien n'y fait. Alors, le 29 mai, le président disparaît le temps d'une journée, plongeant le pays dans une profonde incertitude. Le lendemain, il se montre à nouveau publiquement et prononce un discours ferme à l'encontre des contestataires dont il n'hésite pas à qualifier les actions de « chienlit ». Son appel au soutien du pouvoir en place est entendu, et la France rentre dans les rangs.

## Démission et retraite

Bien que sorti de la crise de Mai 68, Charles de Gaulle ne parvient pas à récupérer la confiance des Français. Il les soumet une nouvelle fois au référendum en avril 1969 afin de trancher la question de la régionalisation et de la réforme du Sénat. Le non l'emporte, signe aussi d'un vote contre l'homme. Dès le lendemain, il donne sa démission et se retire comme en 1958 à Colombey-les-Deux-Églises.

Après sa démission, il s'abstient de toute re-présentation publique et s'attelle une nouvelle fois à l'écriture de ses *Mémoires*. Il meurt le 9 novembre 1970.

# RÉPERCUSSIONS

## LA POLITIQUE MARQUÉE À JAMAIS

Il est évident que l'apport politique majeur de Charles de Gaulle est l'impulsion qu'il a donnée à l'écriture de la nouvelle constitution de 1958, à la base de la $V^e$ République. C'est cette même constitution qui régit encore aujourd'hui la vie française, malgré les modifications apportées aux textes d'origine. Charles de Gaulle laisse en outre derrière lui un courant politique, le gaullisme, qui persiste également de nos jours. Il est marqué par la conservation de l'autonomie de la France au niveau de sa souveraineté, un pouvoir exécutif fort et donc, par extension, une fonction présidentielle ayant un poids important, l'élection au suffrage universel du chef de l'État, la suppression des clivages gauche/droite ou encore une forme de conservatisme social.

# UNE ÉCONOMIE ET UNE INDUSTRIE AU BEAU FIXE

Après la Seconde Guerre mondiale, la France connaît un essor très important. Les entreprises et les usines produisent à plein régime, et la croissance économique est florissante. Au-delà du climat mondial prospère des Trente Glorieuses, de Gaulle et son Gouvernement sont les initiateurs d'une série de mesures qui favorisent la reprise, telles que la mise en place du nouveau franc en 1960.

Si la France connaît ainsi une reprise économique dès la IV$^e$ République, cette dernière s'accompagne cependant d'une forte inflation. Les produits français s'exportent mal en raison d'un taux de change élevé. Les importations sont par conséquent encouragées. En dévaluant le franc français dès 1958 et en créant le nouveau franc deux ans plus tard, l'équilibre du budget du commerce se rétablit peu à peu. Cette stabilisation permet à l'État d'investir dans de nombreux secteurs, notamment dans la recherche scientifique. Cela contribue également à améliorer la situation industrielle du pays.

# L'HOMME DU 18 JUIN

Sur le plan mémoriel, Charles de Gaulle reste à jamais l'homme de Londres, l'homme du 18 juin. Il est l'incarnation même de la résistance face à l'Allemagne nazie et au régime vichyste. Considéré par la postérité comme l'une des figures les plus illustres de l'histoire de France, il est perçu comme un homme qui a fait l'histoire et non qui l'a subie. Il est également une sorte d'icône aux yeux des Français, grâce notamment à sa rhétorique, à son sens de la repartie, à sa posture ou encore à sa gestuelle. C'est d'ailleurs souvent lors de débats avec ses adversaires qu'il parvenait à rallier à sa cause une partie des électeurs.

# L'HOMME DE LETTRES

On connaît le militaire, le résistant ou encore le politicien, mais on aborde moins souvent l'homme de lettres, or il s'agit d'une facette pourtant importante de sa vie. Dès son enfance, Charles de Gaulle est baigné dans la littérature, notamment grâce à son père.

Dans les années vingt et trente, les écrits de de Gaulle sont consacrés au domaine militaire. Il s'agit là du moyen qu'a trouvé ce soldat non conformiste pour faire passer ses idées nouvelles, notamment sur la réforme de l'armée ou encore sur l'utilisation des blindés. *Le Fil de l'épée*, publié en 1932, et *Vers l'armée de métier*, publié en 1934, sont ses œuvres les plus connues de cette période.

Les ouvrages qui l'ont révélé au grand public sont *Les Mémoires de guerre*, rédigés lors de sa traversée du désert. Ils paraissent en trois tomes : L'Appel (1940-1942), L'Unité (1942-1944) et *Le Salut* (1944-1946). Rédigés à la première personne du singulier, ils relatent dans les moindres détails les événements de la Seconde Guerre mondiale vus par le général de Gaulle. Son témoignage est tel qu'il est pressenti pour le prix Nobel de littérature en 1963. Lorsqu'il quitte définitivement la scène politique en 1969, il décide de poursuivre son travail, en rédigeant cette fois *Les Mémoires d'espoir*, mais il n'a pas le temps d'achever cet ouvrage et seuls deux volumes sur les trois initialement prévus paraissent : *Le Renouveau* (1958-1962) et *L'Effort* (1962). Ces deux tomes couvrent la période de la présidence de de Gaulle. Il y évoque les nombreux domaines qu'il a eu à gérer en tant que président de la République.

## L'HOMMAGE DES FRANÇAIS

Sur le plan muséal, deux lieux sont aujourd'hui consacrés à la figure historique qu'est Charles de Gaulle. Au cœur de Paris, l'historial Charles de Gaulle retrace de manière interactive la vie de cet homme illustre dont le destin est intimement lié à celui de la France. À Colombey-les-Deux-Églises, où se dresse la croix de Lorraine, le mémorial Charles de Gaulle offre la possibilité de rentrer davantage dans l'intimité de l'homme et évoque les nombreuses facettes de sa personnalité.

Enfin, Charles de Gaulle restera pour toujours un personnage complexe aux nombreux visages, et suscitera toujours interrogations et débats. L'ambivalence de son discours sur l'indépendance de l'Algérie ou encore le renforcement du pouvoir présidentiel de la V$^e$ République, marqué par une certaine personnalisation de la fonction présidentielle, sont des éléments qui sont encore mis en avant aujourd'hui par ses détracteurs. *A contrario*, de Gaulle est perçu comme le premier des combattants, glorifié et élevé au rang de mythe, aussi bien en France que dans le monde entier. C'est que l'homme a ramené la France sur le devant de la scène politique internationale après 1945 et n'a pas hésité à s'opposer à la place de plus en plus importante prise par les États-Unis. Charles de Gaulle n'aura pas fini de sitôt de faire couler de l'encre !

# EN RÉSUMÉ

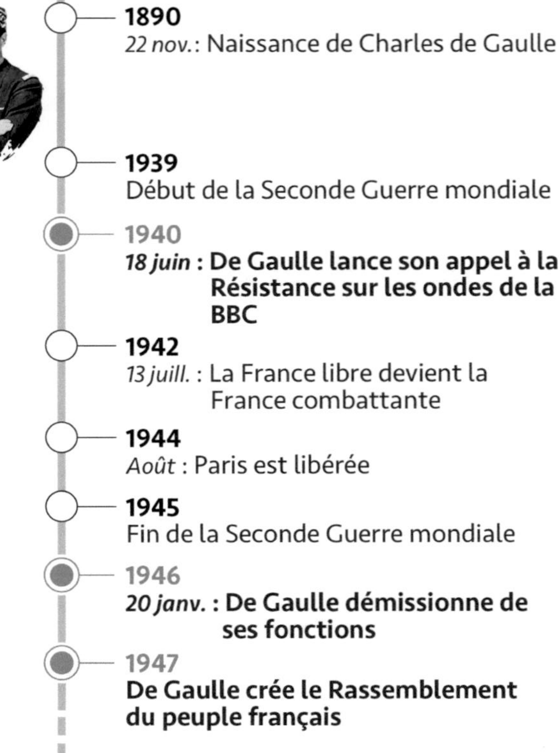

**1890**

*22 nov.* : Naissance de Charles de Gaulle

**1939**

Début de la Seconde Guerre mondiale

**1940**

*18 juin* : **De Gaulle lance son appel à la Résistance sur les ondes de la BBC**

**1942**

*13 juill.* : La France libre devient la France combattante

**1944**

*Août* : Paris est libérée

**1945**

Fin de la Seconde Guerre mondiale

**1946**

*20 janv.* : **De Gaulle démissionne de ses fonctions**

**1947**

**De Gaulle crée le Rassemblement du peuple français**

**1955**
De Gaulle se retire de la vie politique et rédige ses *Mémoires de guerre*

**1958**
*Juin* : **De Gaulle devient président du Conseil**
*21 déc.* : **De Gaulle est élu président de la République**

**1962**
*22 mars* : Les accords d'Évian accordent l'indépendance à l'Algérie

**1968**
*Mai* : La France connaît de nombreux soulèvements

**1969**
*Avril* : **De Gaulle démissionne**

**1970**
*9 nov.* : Décès de Charles de Gaulle



- Charles de Gaulle naît le 22 novembre 1890 dans une famille bourgeoise.
- Attiré par la carrière militaire, il fait ses armes à l'école de Saint-Cyr où il se révèle plutôt bon élève. Il termine son cycle en 1912.

- Deux ans plus tard, la Première Guerre mondiale éclate. Blessé à de nombreuses reprises, il est fait prisonnier par les Allemands en mars 1916. Il ne sera libéré qu'à la fin du conflit, malgré ses tentatives de fuite.

- Après l'armistice de 1918, l'officier de Gaulle poursuit sa carrière militaire et grimpe les échelons de la hiérarchie. Homme d'action, mais également grand intellectuel, il mène diverses réflexions sur le métier de soldat et sur l'armée.

- Au fil des ans, il se fait remarquer dans le monde politique. Quand la Seconde Guerre mondiale éclate, il est envoyé à la tête du 507e régiment de chars à Metz. Rappelé du front, il devient général en juin 1940 et sous-secrétaire d'État à la Défense nationale.

- Envoyé à Londres pour entamer des pourparlers avec Churchill, il apprend à son retour en France que le Gouvernement français envisage de signer l'armistice avec l'Allemagne. Ne pouvant accepter la situation, il part à nouveau pour l'Angleterre et prononce l'appel du 18 juin.

- Tout au long de la guerre, le général de Gaulle n'a de cesse de défendre l'idée d'une France libre et résistante. Il met en place une véritable armée ainsi qu'un organe politique. De plus, il effectue le travail nécessaire à la réunion de la résistance extérieure et intérieure.

- À la libération de Paris, il rentre au pays en vainqueur et prend la tête du Gouvernement provisoire, qui est chargé de mettre sur pied une nouvelle constitution.
- En désaccord total avec l'orientation que prend la future IV$^e$ République, de Gaulle décide de démissionner de ses fonctions, mais tente malgré tout de faire valoir ses idées par le biais de son parti, qu'il crée peu de temps après, le Rassemblement du peuple français.
- Durant quelques années, Charles de Gaulle obtient l'appui des électeurs, mais cela ne dure guère. En 1953, il se retire de la scène politique. Commence alors une longue traversée du désert.
- Son retour en politique a lieu en 1958, à la suite de la crise algérienne. Il met alors en place une nouvelle constitution, qui marque la naissance de la V$^e$ République, dont il est fait président.
- Si ses premières années au pouvoir sont cou- ronnées de succès, dès sa réélection au second tour des élections de 1965, le mécontentement

à son égard se fait sentir. Les événements de Mai 68 et le référendum de 1969 le poussent à la démission.

- Il meurt à Colombey-les-Deux-Églises le 9 novembre 1970.

*Votre avis nous intéresse !*
*Laissez un commentaire sur le site de votre*
*librairie en ligne et partagez vos coups de cœur sur*
*les réseaux sociaux !*

# POUR ALLER PLUS LOIN

## SOURCES BIBLIOGRAPHIQUES


- *Charles de Gaulle.org*, consulté le 31 janvier 2015. http://www.charles-de-gaulle.org/

- « Charles de Gaulle », in *Charles de Gaulle-edu.net*, consulté le 31 janvier 2015. http://www.de-gaulle-edu.net/comprendre/biographie/biolyc_01.htm

- « Charles de Gaulle », in *Larousse.fr*, consulté le 31 janvier 2015. http://www.larousse.fr/encyclopedie/personnage/Charles_de_Gaulle/120946

- « Charles de Gaulle », in *Linternaute.com*, consulté le 31 janvier 2015. http://www.linternaute.com/biographie/charles-de-gaulle/

- COINTET (Michèle), *De Gaulle et l'Algérie française*, Paris, Perrin, 1996.

- GALLO (Max), *De Gaulle*, 4 volumes, Paris, Laffont, 1998.

- LACOUTURE (Jean), *De Gaulle*, 3 volumes, Paris, Seuil, 1984-1986.

- OLLIVIER (Jean-Paul), *L'ABCdaire de Gaulle*, Paris, Flammarion, 2001.

- ROUSSEL (Éric), *De Gaulle*, 2 tomes, Paris, Perrin, 2007.

## SOURCES COMPLÉMENTAIRES

- AGULHON (Maurice), *De Gaulle : histoire, symbole, mythe*, Paris, Plon, 2000.

- ANDRIEU (Claire), BRAUD (Philippe) et PIKETTY (Guillaume), *Dictionnaire de Gaulle*, Paris, Robert Laffont, 2006.

- CRÉMIEUX-BRILHAC (Jean-Louis), *La France libre. De l'appel du 18 juin à la Libération*, Paris, Gallimard, 1996.

- LA GORCE (Paul-Marie), *Charles de Gaulle*, 2 volumes, Paris, Nouveau Monde Éditions, 2008.

- RÉMOND (René), *1958, le retour de de Gaulle*, Bruxelles, Éditions Complexe, 1998.

- VAÏSSE (Maurice), *La grandeur : politique étrangère du général de Gaulle (1958-1969)*, Paris, Fayard, 1998.

## SOURCES ICONOGRAPHIQUES

- Photo de la foule présente le 26 août à Paris pour accueillir de Gaulle. La photo reproduite est réputée libre de droits.

- Texte de l'appel du 18 juin. La photo reproduite est réputée libre de droits.

- Photo du retour triomphal de de Gaulle à Paris lors de la Libération. La photo reproduite est réputée libre de droits.

## FILM ET DOCUMENTAIRES

- *Le Grand Charles*, film de Stora Bernard avec Bernard Farcy, Denis Podalydès et Danièle Lebrun, France, 2006.

- *Ce jour-là, tout a changé*, épisode « L'Appel du 18 juin », série télévisée d'Olivier Félix, France, 2010.

- *Je vous ai compris : de Gaulle 1958-1962*, documentaire de Moati Serge, France, 2010.

- *De Gaulle, un géant aux pieds d'argile*, documentaire de Jeudy Patrick, France, 2011.

## BÂTIMENTS COMMÉMORATIFS

- Le bureau du général de Gaulle, situé rue de Solférino à Paris.

- La maison natale de Charles de Gaulle située à Lille (France).

- *La Boisserie*, demeure historique de Charles de Gaulle située à Colombey-les-Deux-Églises.

- Le mémorial Charles de Gaulle, situé à Colombey-les-Deux-Églises.

- L'historial Charles de Gaulle, Musée de l'armée, situé à Paris.

- L'espace commémoratif Charles de Gaulle à l'aéroport Charles-de-Gaulle, situé à Roissy (France).

- La statue du général de Gaulle sur les Champs-Élysées.

- La plaque reproduisant l'appel du 18 juin sous l'arc de triomphe de l'Étoile à Paris.

www.50minutes.fr

ISBN ebook : 978-2-8062-6656-9
ISBN papier : 978-2-8062-6657-6
Dépôt légal : D/2015/12603/283
Photo de couverture : *Le général français Charles De Gaulle, lors de la 2$^{nde}$ guerre mondiale*, 1942 © Office of War Information / La photo reproduite est réputée libre de droits

Conception numérique : Primento, le partenaire numérique des éditeurs